GRAND

# ALPHABET IMPÉRIAL

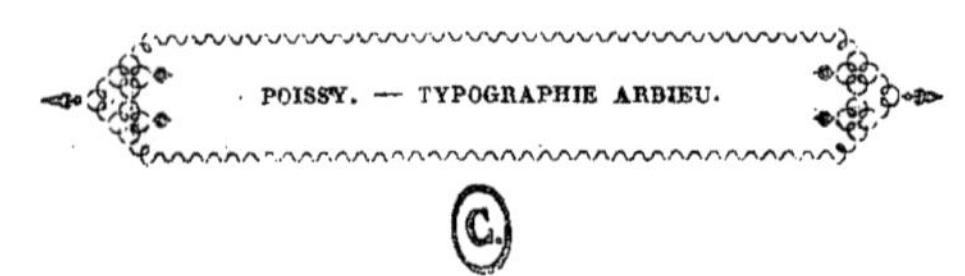
POISSY. — TYPOGRAPHIE ARBIEU.

GRAND

# ALPHABET IMPÉRIAL

## ANECDOTES ET RÉCITS HISTORIQUES

PAR A. C. BOUYER

ILLUSTRÉ

DE GRAVURES ET VIGNETTES A DEUX TEINTES

PAR VICTOR ADAM

PARIS

LIBRAIRIE D'ÉDUCATION A. COURCIER, ÉDITEUR

RUE HAUTEFEUILLE, 9

1862

A B C D E F G

H I J K L M N

O P Q R S T U

V W X Y Z

A B C D E F G H I J

K L M N O P Q R S T

U V W X Y Z

A B C D E F G H I J

K L M N O P Q R S T

U V W X Y Z

A B C D E F G H I J K L M

N O P Q R S T U V W X Y Z

A B C D E F G H I J K L M N O

P Q R S T U V W X Y Z

CHIFFRES.

| 0 | 1 | 2 | 3 | 4 | 5 | 6 | 7 | 8 | 9 |
|---|---|---|---|---|---|---|---|---|---|
| Zéro. | Un. | Deux. | Trois. | Quatre. | Cinq. | Six. | Sept. | Huit. | Neuf. |

LETTRES ROMAINES.

**A B C D E F G H I J**

**K L M N O P Q R S T**

**U V W X Y Z**

**a b c d e f g h i j k l m n**

**o p q r s t u v w x y z**

LETTRES ITALIQUES.

***A B C D E F G H I J***

***K L M N O P Q R S T***

***U V W X Y Z***

***a b c d e f g h i j k l m n***

***o p q r s t u v w x y z***

## LETTRES ANTIQUES.

**A B C D E F G H I J K L M N**

**O P Q R S T U V W X Y Z**

## LETTRES DE RONDE.

*a b c d e f g h i j k l m*

*n o p q r s t u v w x y z*

## CHIFFRES ARABES ET ROMAINS.

| | | | | | |
|---|---|---|---|---|---|
| un. . . . . . . . . . . | 1 | I | seize. . . . . . . . . | 16 | XVI |
| deux. . . . . . . . . . | 2 | II | dix-sept. . . . . . . | 17 | XVII |
| trois. . . . . . . . . . | 3 | III | dix-huit. . . . . . . . | 18 | XVIII |
| quatre . . . . . . . . . | 4 | IV | dix-neuf. . . . . . . | 19 | XIX |
| cinq . . . . . . . . . . | 5 | V | vingt. . . . . . . . . | 20 | XX |
| six. . . . . . . . . . . | 6 | VI | trente. . . . . . . . . | 30 | XXX |
| sept . . . . . . . . . . | 7 | VII | quarante. . . . . . . | 40 | XL |
| huit . . . . . . . . . . | 8 | VIII | cinquante. . . . . . | 50 | L |
| neuf. . . . . . . . . . | 9 | IX | soixante. . . . . . . | 60 | LX |
| dix. . . . . . . . . . . | 10 | X | soixante-dix . . . . . | 70 | LXX |
| onze . . . . . . . . . . | 11 | XI | quatre-vingt . . . . . | 80 | LXXX |
| douze. . . . . . . . . | 12 | XII | quatre-vingt-dix. . . . | 90 | XC |
| treize. . . . . . . . . | 13 | XIII | cent . . . . . . . . . | 100 | C |
| quatorze. . . . . . . . | 14 | XIV | cinq cents. . . . . . | 500 | D |
| quinze . . . . . . . . | 15 | XV | mille. . . . . . . . . | 1000 | M |

### MOTS FORMÉS D'UNE SEULE SYLLABE.

| | | |
|---|---|---|
| fleur | feu | fil |
| cœur | air | nid |
| sœur | eau | blanc |
| grand | vin | gris |
| beau | pain | noir |
| bon | lait | bleu |
| froid | bœuf | vert |
| chaud | œuf | brun |
| œil | buis | blond |
| main | foin | roux |

## EXERCICES D'ÉPELLATION.

### MOTS FORMÉS DE DEUX SYLLABES.

| | | |
|---|---|---|
| A-mi | ar-me | bar-bet |
| a-bri | — | bil-le |
| a-zur | Bai-ser | bran-che |
| ab-sent | ban-ni | ba-gue |
| ar-bre | bon-té | bon-bon |
| ai-gle | bal-lon | bril-lant |
| ai-le | bal-con | bra-ve |
| ac-tif | ba-teau | ber-ceau |

ban-deau

—

Ché-ri
char-mant
che-veux
che-vreau
che-val
chat-te
cro-quet
cor-don
ca-non
car-ton
co-ton
che-min
co-rail
cris-tal

—

Dou-ceur
doc-teur
dis-trait
dor-meur
dan-seur
dé-bris
dan-ger
dé-clin
dî-ner
dra-peau
dor-toir
do-ré
din-don
dro-gue
da-da

—

Es-poir
é-clair
é-clat
en-fin
en-nui
en-flé
em-ploi
en-voi
é-xil
er-reur

—

Fa-got
fa-lot
fu-sil
fru-gal
fri-sé
fu-meur
fil-le
frè-re
four-che
four-mi
flam-beau
fran-çais
fi-let
fleu-ri

—

Ga-lon
gâ-teau
ga-zon
gâ-té
gan-té
ga-min
gra-veur
ga-lop
ger-me
gran-deur
glis-sant
ger-be
gran-ge
ge-lée
gé-nie
gen-til

—

Hom-me
hu-main

hum-ble
heu-reux
hé-ros
hon-neur
hu-meur
ha-che
hi-ver
her-be
huî-tre
hê-tre
har-pe
hu-che
hym-ne

——

I-le
i-dée
i-ris
i-vre
in-grat
ins-truit
ins-tant

——

Jour-nal
jo-li
jeu-ne
jus-te
jas-min
jar-din
ja-loux
jo-yeux
jou-jou
jau-ne
je-ton

——

Ki-lo
ker-mès

——

Li-bre
lo-yal
lar-me
lus-tre
li-vre
loi-sir
lu-ne
li-me
lai-ton
lin-ge
la-pin
lai-tue
la-tin
lu-xe

——

Ma-man
mar-mot
ma-lin
mar-bre
mi-net
mu-guet
mi-roir
mo-queur
men-teur
mé-chant
man-teau
mou-ton
mou-lin
mer-le

——

Nei-ge
na-cre
nap-pe
no-ble
na-ïf
na-geur
nè-gre
na-tal

——

Or-gue
or-dre

ob-jet
obs-cur
ou-til
oi-seau
or-ge
oi-son
or-gueil
œil-let
ou-bli
om-bre
o-deur

———

Pa-pa
pri-son
par-don
pe-tit
prin-ce
por-trait
pau-vre
pru-ne
pé-tard
par-quet
pan-tin
pou-let

———

Qua-tre
quil-le
quin-te
quê-te
qua-train
quin-quet
quin-teux

———

Ra-me
ra-meau
ro-be
ro-se
ron-ce
ri-deau
ruis-seau
ra-teau
ra-deau
res-pect
ri-che
rei-ne

———

Sa-ge
sa-vant
sil-lon
som-bre
su-cre
se-rin
sul-tan
sa-phir
souf-flet
sin-ge
sa-bre
sel-le
si-rop
sta-tue

———

Ta-ble
ta-bleau
ta-pis
ton-du
tou-pie
ton-ton
trou-pe
trou-peau
tis-su
ti-roir
tê-te
ten-te
tran-si
tra-vail
tré-sor
ti-gre
tein-te

tris-te

—

Ur-ne
u-ni
u-ne
u-sé

—

Vi-vant
vail-lant
vain-queur
ven-geur
vil-le
vieil-le
voi-le
ver-re
ven-te
vi-gne
veil-lée
ver-tu
ver-te

—

Xan-te
xé-rès

—

Zé-phir
zè-bre
zig-zag

## MOTS DE TROIS SYLLABES.

Au-ro-re
ar-mu-re
a-bri-cot
ar-ti-chaut
am-broi-sie
af-fai-re
al-ma-nach
ar-bus-te
a-ver-se

—

Bra-vou-re
ba-tail-le
bra-ce-let
bar-bil-lon
ba-tail-lon
bru-yè-re
bras-se-rie
bil-bo-quet

—

Clé-men-ce
cha-ri-té
char-pen-te
ca-lè-che
cor-vet-te
cos-tu-me
cou-tu-re
ca-res-se
clo-chet-te
co-quil-le
cho-co-lat
cor-ni-chon

—

Do-ci-le
den-tis-te
dro-guis-te
dé-pouil-le

dé-so-lé
dé-mo-li
dé-dai-gneux
dan-ge-reux
do-mi-no

——

Em-pi-re
é-clai-re
é-veil-lé
é-lé-gant
é-lan-cé
é-tu-de
é-ven-tail
é-dre-don
é-clip-se
é-che-lon

——

Fir-ma-ment
feuil-la-ge
flo-rai-son
fra-ter-nel
fa-mil-le
fran-chi-se
fi-nes-se
flam-mè-che
fi-leu-se
fran-çai-se

——

Gou-ver-neur
gar-ni-son
gué-ri-te
gué-ri-don
gro-tes-que
ga-le-rie
gra-vu-re
gram-mai-re

——

Han-ne-ton
her-ba-ge
his-toi-re
her-mi-ne
hos-pi-ce
hor-lo-ge
ho-ri-zon

——

Il-lus-tre
im-mor-tel
i-ma-ge
i-gno-rant
im-pos-teur
im-pru-dent
in-no-cent
in-cen-die

——

Ja-cin-the
jac-tan-ce
ja-lou-sie
jar-di-nier
ja-ve-lot
jeu-nes-se
jus-ti-ce

——

Ker-mes-se
ky-riel-le

——

Li-ber-té
li-se-ron
la-veu-se
la-bou-reur
len-til-le
li-not-te
li-ti-ère
lo-ge-ment
lor-gnet-te

——

Ma-jes-té
ma-gis-trat
mon-ta-gne

mir-li-ton
mé-ri-nos
mou-tar-de

——

Né-bu-leux
nais-san-ce
na-cel-le
nar-cis-se
na-tu-re
nau-fra-ge
na-vet-te
né-nu-phar

——

O-ra-ge
o-ta-ge
o-bo-le
o-do-rat
or-to-lan
of-fen-se

——

Pa-ra-vent
pa-ra-pluie
pa-ra-de
per-ru-che
per-ro-quet
prin-ces-se
pré-cep-teur
pro-vin-ce
pro-pre-té
pein-tu-re
pin-cet-te

——

Qua-dril-le
quo-li-bet
que-nouil-le
que-rel-le
quin-qui-na
qua-ran-te

——

Ra-mo-neur
rô-tis-seur
ra-vis-seur
re-pen-tir
re-dou-te
ré-for-me
ré-gi-ment

——

Ser-ru-re
ser-mo-neur
ser-vi-teur
sau-va-ge
sculp-tu-re

Tra-duc-teur
ta-pa-geur
tam-bou-rin
tu-li-pe
tur-quoi-se
ti-rail-leur
ten-dres-se
ter-ras-se

——

U-ni-vers
u-ni-que
u-sa-ge
u-nis-son

——

Va-ni-teux
va-can-ce
voi-tu-re
ver-du-re
ver-mil-lon
vé-ri-té
vail-lan-ce
vic-toi-re

——

Xan-ti-pe

——

Zi-za-nie

## MOTS DE QUATRE, CINQ ET SIX SILLABES.

Ad-mi-ra-tion
a-bat-te-ment
a-ver-tis-se-ment
a-veu-gle-ment
Bien-fai-san-ce
bien-veil-lan-ce
bo-ta-ni-que
Ca-ma-ra-de
ca-pi-tai-ne
Dé-cla-ra-tion
di-ver-tis-se-ment
E-bran-cha-ge
é-che-nil-la-ge
é-vé-ne-ment
Fré-mis-se-ment
fra-ter-ni-té
four-mi-liè-re
fi-na-le-ment
Gro-tes-que-ment
Hon-teu-se-ment
Il-lus-tra-tion
Las-si-tu-de
Ma-gna-ni-mi-té
Or-ne-men-ta-tion
Pré-ci-pi-ta-tion
Res-pec-tueu-se-ment
So-li-tai-re-ment
Tu-mul-tueu-se-ment
Ver-tueu-se-ment
vic-to-rieu-se-ment

## LETTRES VOYELLES.

**a e i o u**

## LETTRES CONSONNES.

**b c d f g h j k l m n**

**p q r s t v x z**

## EXERCICE NÉCESSAIRE POUR APPRENDRE A ÉPELER.

| | | | | | | | | | |
|---|---|---|---|---|---|---|---|---|---|
| ba | be | bi | bo | bu | na | ne | ni | no | nu |
| ca | ce | ci | co | cu | pa | pe | pi | po | pu |
| da | de | di | do | du | qua | que | qui | quo | qu |
| fa | fe | fi | fo | fu | ra | re | ri | ro | ru |
| ga | ge | gi | go | gu | sa | se | si | so | su |
| ha | he | hi | ho | hu | ta | te | ti | to | tu |
| ka | ke | ki | ko | ku | va | ve | vi | vo | vu |
| la | le | li | lo | lu | xa | xe | xi | xo | xu |
| ma | me | mi | mo | mu | za | ze | zi | zo | zu |

## CONSEILS

Pe-tits en-fants, vou-lez-vous qu'-on vous ai-me? soy-ez do-ci-les, soy-ez po-lis, soy-ez bons.

O-bé-is-sez à vos pa-rents; mon-trez-vous beau-coup res-pec-tu-eux en-vers la vieil-les-se, cha-ri-ta-bles pour les mal-heu-reux, in-dul-gents et po-lis pour ceux qui vous ser-vent.

Si quel-qu'-un vous a fait gron-der in-jus-te-ment, par-don-nez-le lui, car vous au-rez sou-vent be-soin qu'-on vous par-don-ne aus-si.

Ne re-met-tez ja-mais au len-de-main une bon-ne ac-ti-on que vous pou-vez fai-re au-jour-d'hui.

Ay-ez pi-ti-é de tous ceux qui souf-frent; ce-lui qui peut voir sans en ê-tre é-mu les mi-sè-res de son sem-bla-ble est né sans cœur.

Fai-tes de pré-fé-ren-ce la cha-ri-té aux a-veu-gles, car ils ne peu-vent ga-gner leur pain par leur tra-vail.

Tra-vail-lez a-vec ar-deur à vous ins-trui-re, car les en-fants pa-res-seux n'-ins-pi-rent ni es-ti-me ni in-té-rêt lors-qu'-ils ont é-té à mê-me de s'-ins-trui-re et qu'-ils ne l'-ont pas fait.

Les seuls i-gno-rants qu'-on doi-ve plain-dre sont ceux aux-quels leurs pa-rents n'-ont pu fai-re don-ner d'-ins-truc-tion à cau-se de leur pau-vre-té.

## DES ACCENTS ET DE LEUR EMPLOI.

L'accent aigu (´), lorsqu'on le place sur un E, comme dans les mots SÉJOUR, SÉPARATION, lui laisse le son qui lui est propre; l'accent grave (`) est destiné à donner à l'E le son d'un AI, comme dans CRATÈRE, CARACTÈRE; l'accent circonflexe (ˆ) prolonge le son ainsi qu'on le voit dans les mots CRÊME, BLÊME.

---

## DIFFÉRENTS SIGNES EMPLOYÉS DANS LES LIVRES ET DANS L'ÉCRITURE.

(') L'apostrophe se place ainsi : l'HISTOIRE, l'ERREUR, l'HARMONIE, l'AMOUR. Sans l'apostrophe on serait obligé de dire : la histoire, la erreur, la harmonie, le amour, ce qui serait très-désagréable à l'oreille.

(¨) Le tréma, formé de deux points, se place sur l'E, sur l'I et sur l'U. Exemple : poëme, poële, haïr, Moïse, Ésaü.

(¸) La cédille, qui ressemble à un petit C renversé, se met sous le C, pour lui donner le son d'un S, comme dans REÇU, APERÇU, MAÇON, FRANÇAIS.

(-) Le trait d'union, ainsi que son nom l'indique, sert à réunir deux mots qui sans cela n'auraient pas de sens. Exemple : CLIN-D'ŒIL, CHAR-A-BANCS.

(() La parenthèse sert à renfermer quelques lignes ou quelques mots qui ne sont pas liés essentiellement au discours et qui pourraient en être retranchés sans en altérer le sens.

## DE LA PONCTUATION.

La ponctuation se marque par des signes. Ponctuer ce qu'on lit, c'est observer les repos plus ou moins longs indiqués par ces signes, qui sont ainsi représentés :

| | |
|---|---|
| La virgule | , |
| Le point virgule | ; |
| Le point | . |
| Les deux points | : |
| Les points suspensifs | ....... |
| Le point admiratif | ! |
| Le point interrogatif | ? |
| Le tiret ou trait de séparation | — |
| Le guillemet | » |

DES

# PREMIÈRES CONNAISSANCES

QU'UN ENFANT DOIT ACQUÉRIR.

UN enfant doit savoir, avant toute autre chose, qu'une année se compose de trois cent soixante-cinq jours; que dans une année il y a douze mois; que dans chaque mois il y a quatre semaines, et qu'enfin, dans une semaine, il y a sept jours.

Les mois de l'année s'appellent : JANVIER, FÉVRIER, MARS, AVRIL, MAI, JUIN, JUILLET, AOUT, SEPTEMBRE, OCTOBRE, NOVEMBRE et DÉCEMBRE.

Les jours de la semaine se nomment : LUNDI, MARDI, MERCREDI, JEUDI, VENDREDI, SAMEDI, DIMANCHE. Chaque jour se compose de vingt-quatre heures; chaque heure se compose de soixante minutes, et chaque minute de soixante secondes.

LE PRINTEMPS, L'ÉTÉ, L'AUTOMNE et L'HIVER, sont les noms donnés aux quatre saisons dont se compose l'année.

Le printemps succède à l'hiver, l'été vient après le printemps; l'automne suit l'été, et après l'automne arrive l'hiver.

Au printemps, le soleil est doux, c'est le temps des fleurs et celui des légumes nouveaux.

Dans l'été, le soleil est ardent, c'est le moment de l'année où se trouvent réunis les fleurs, les fruits, les légumes.

L'automne, qui souvent a d'aussi grandes chaleurs que l'été, donne comme lui des légumes, des fruits et des fleurs; et de plus, l'automne est la saison de la moisson et des vendanges.

L'hiver est celle des froids rigoureux, de la neige, de la glace, et souvent aussi des brouillards.

C'est pendant l'hiver que le grain confié à la terre par le laboureur se prépare pour en sortir sous la forme d'un jet de verdure, quand arriveront les premiers rayons de mars et d'avril.

## DES ÉLÉMENTS.

On appelle éléments l'Air, le Feu, la Terre et l'Eau.

L'Air est indispensable à la vie de l'homme comme à celle de tous les animaux; dans un endroit complétement privé d'air, on étoufferait très-promptement.

Le Feu est enfermé dans le sein de la terre et s'en échappe par la bouche des volcans.

Sans le Feu, l'homme ne saurait comment se réchauffer pendant les froids rigoureux, ni comment faire cuire sa nourriture.

Sans la lumière, qui est du feu aussi, la moitié de la vie, surtout pendant l'hiver, se passerait dans l'obscurité.

C'est la TERRE qui produit la meilleure partie de ce qui sert à la nourriture de l'homme et à celle des animaux.

C'est le suc qu'elle contient qui fait croître, se développer et mûrir, le blé, la vigne, les légumes, les herbes potagères, ainsi que les arbustes gracieux, les fleurs embaumées, et cette foule d'arbres utiles et magnifiques, parure de nos vergers et de nos forêts.

L'EAU nous donne la plus pure et la plus saine des boissons. C'est dans son sein que vivent les poissons qui peuplent les mers, les fleuves, les rivières, les lacs, les étangs. L'eau de la mer est salée; toutes les autres eaux sont douces et peuvent être bues.

Lorsque le soleil a bien échauffé la terre et contribué, par sa chaleur, à développer tout ce que contient le règne végétal, l'eau est nécessaire pour les rafraîchir, et lorsqu'il n'en tombe pas du ciel, sous la forme de pluie, on en va chercher aux puits, aux pompes, aux citernes, qui sont alimentés par les rivières ou par les fleuves voisins, afin d'arroser la terre brûlante et desséchée.

## LES TROIS RÈGNES DE LA NATURE.

Afin de pouvoir se reconnaître au milieu de cette foule de choses qui sont sorties des mains du Créateur pour nos besoins et pour notre agrément, on en a formé trois divisions qu'on est convenu d'appeler : les trois règnes de la nature.

Il y a d'abord le règne animal qui renferme tout ce qui vit, se meut et respire sur la terre, dans les airs et dans les eaux.

L'homme y tient la première place, et, après lui, tous les animaux, bipèdes ou quadrupèdes, c'est-à-dire à deux ou quatre pieds.

Les oiseaux, les reptiles, les insectes, les papillons et les poissons, depuis le goujon jusqu'à la baleine, depuis la fourmi jusqu'à l'éléphant, ont leur place marquée dans le règne animal.

Le règne végétal renferme tout ce qui, chaque saison nouvelle, se couvre de feuillages, de fleurs ou de fruits, tout ce qui a sa racine dans la terre ou dans les eaux.

Le règne minéral comprend le marbre, la pierre, les diamants, toutes les pierres précieuses, et, de plus, avec l'or, l'argent, le cuivre, le plomb, l'étain, qui sont des métaux, le charbon de terre, qui est un combustible très-précieux pour l'homme.

La science qui nous apprend à connaître les beautés et les richesses qui sont renfermées dans les trois règnes de la nature, s'appelle l'HISTOIRE NATURELLE.

Savoir quelle est la construction du corps humain et celle des différents animaux qui peuplent la terre, c'est connaître l'ANATOMIE.

Savoir quels sont les arbres, les arbustes, les plantes, les fleurs que fait revivre chaque printemps, c'est connaître la BOTANIQUE.

Savoir combien la terre renferme de pierres précieuses et

autres, de métaux et de combustibles, c'est connaître la MINÉRALOGIE.

Savoir le nom de chaque étoile et sa distance de la terre, ainsi que les révolutions du soleil et des astres, c'est connaître l'ASTRONOMIE.

Savoir quelles sont les grandes divisions de la terre et leurs subdivisions; pouvoir indiquer d'une manière certaine les mers qui les entourent, les fleuves et les rivières qui les arrosent, c'est connaître la GÉOGRAPHIE.

Et ce n'est là encore, mes chers enfants, qu'une bien faible partie de ce qu'il faut savoir.

Mais, lorsqu'un enfant aime l'instruction, chaque nouvelle chose qu'il apprend lui apporte de nouveaux plaisirs.

Et puis, il y a les arts :

La peinture, la poësie, la musique, la sculpture.

C'est à la peinture que vous devez les portraits de ceux que vous aimez.

C'est la poësie qui crée, pour les enfants, ces jolies fables que vos camarades plus grands que vous apprennent avec tant d'autres belles choses dont vous serez charmés un jour.

C'est à la musique que vous êtes redevables du plaisir que vous goûtez à répéter tant de gais refrains; c'est elle qui a composé pour vous plaire ces contredanses si gaies qui mettent en mouvement tous ceux qui les entendent.

La sagesse consiste à réfléchir avant d'agir, afin de ne pas commettre d'imprudence.

Le courage est une qualité que doivent posséder également le prince, le général et le soldat.

L'homme courageux compte pour rien le danger, s'il pense qu'en exposant sa vie il accomplit son devoir.

Le génie est une disposition de notre esprit, qui nous fait voir en tout le grand côté des choses.

Les œuvres du génie peuvent se montrer sous toutes les formes. Ainsi, l'homme de génie peut vivre dans l'avenir, s'il a laissé derrière lui une œuvre belle, grande, utile, comme un bon livre, un tableau, un monument, une statue, ou enfin une découverte intéressante dans les arts, les sciences ou l'industrie.

L'homme qui possède la vertu sait sacrifier, quand il le faut, son intérêt à l'intérêt d'un autre, et son bonheur à son devoir.

# PETITS CONTES MORAUX

## LA BONNE BLANCHE

L y avait, à la Martinique, vers la fin du siècle dernier, une famille, que chacun aimait et respectait à cause de sa bienfaisance, dont elle donnait chaque jour de nouvelles preuves.

Cette famille se composait du père, de la mère, et de deux petites filles.

Le père se nommait Tascher de la Pagerie; les filles, Marie et Joséphine.

Toutes deux possédaient les plus aimables qualités.

Joséphine surtout était d'une sensibilité remarquable.

Elle allait atteindre huit ans, c'était le jour anniversaire de sa naissance.

— Ma chère Joséphine, lui dit son père en l'embrassant,

tu sais que je n'ai rien à te refuser, parle donc hardiment, que désires-tu? Ce que tu voudras, tu l'auras.

— Ah! mon cher papa, dit l'aimable enfant, donnez-moi la liberté de Tongo, le nègre que vous avez mis près de moi pour porter mon parasol; il sera bien content et moi aussi!

— Bien, dit le bon père, je te l'accorde, quoiqu'il m'ait coûté mille écus, mais je ne les regrette pas, sois en bien sûre; et charmé par cette nouvelle preuve de bonté que venait de lui donner sa Joséphine, M. Tascher l'embrassa de nouveau, et plus tendrement encore que la première fois.

Un autre jour, toute la famille avait été dîner chez un riche planteur du voisinage.

C'était un homme dont la probité était intacte, mais il se montrait sans pitié devant les moindres fautes des nègres qui peuplaient son habitation.

Au moment où Joséphine allait sortir avec ses parents, les esclaves de ce planteur rentraient du travail.

L'un d'eux, un jeune négrillon de treize ans au plus était attaché par des cordes qui lui meurtrissaient les bras.

Sa mère le suivait en pleurant à chaudes larmes.

Le crime du pauvre enfant qu'on allait fustiger était de l'avoir défendue contre un gardien brutal et grossier qui l'injuriait et la frappait.

Mais le commandeur, c'est-à-dire celui qui surveille le travail des nègres, n'avait pas même voulu écouter le négrillon, il avait donné raison au gardien, et rien ne semblait plus devoir soustraire l'enfant au supplice du fouet.

Arrivée près du maître, la pauvre femme, se jetant à ses genoux, essaya de l'attendrir, mais le planteur la repoussa froidement, en ordonnant que la fustigation eût lieu.

Joséphine sortait de la maison; elle entendit l'ordre inhumain.

— Oh! grâce! grâce! s'écria-t-elle en élevant ses petits bras. On ne l'écouta pas; alors, elle se jeta résolument entre l'exécuteur et le jeune noir, et reçut le coup au bras gauche.

— Oh! dit Joséphine, en souriant au milieu des larmes qui coulaient de ses yeux charmants, accordez-moi la grâce du coupable, et je serai guérie.

Le pauvre négrillon en fut donc quitte pour la peur, et sa mère, qui s'était prosternée aux pieds de la jeune créole, baisait la robe de l'enfant à laquelle elle souhaitait de longs jours et tous les bonheurs.

Un avenir plus doux dédommagea la négresse et son fils de ce qu'ils avaient souffert, car ils furent achetés par le père de celle qu'ils n'appelaient plus que la BONNE BLANCHE.

Quant à Joséphine, elle ne démentit pas son enfance, et lorsqu'elle fut devenue impératrice des Français par son mariage avec Napoléon Ier, elle montra sur le trône les plus douces vertus.

# LA PIÈCE D'OR ET LE MORCEAU DE PAIN

peu de distance de Paris, il existe un château des plus magnifiques, où le prince d'Aremberg passe tous les étés avec la princesse sa femme et leur fils unique.

Ce fils s'appelle Octave, il a dix ans, il plaît à tout le monde parce qu'il possède la plus charmante physionomie, et tous ceux qui l'approchent l'aiment, parce qu'on ne saurait être meilleur que lui.

Un matin que le jeune prince était allé promener jusqu'au bout du parc avec un officier du château, il le pria d'ouvrir la grille, et tous deux allèrent s'asseoir à peu de distance, sous un arbre touffu, pour y jouir de la vue admirable qu'on y découvrait.

Une bonne femme se reposait en face d'eux, sur le revers d'un fossé.

Plus loin, un petit pâtre gardait ses moutons qui paissaient tranquillement çà et là.

Sur la route s'avançait vers eux, en marchant péniblement, une femme jeune encore, qui portait sur son dos une petite fille ; à son bras gauche était un paquet, beaucoup trop léger, si on supposait qu'il contenait toutes les hardes de la famille, mais trop lourd, hélas ! si l'on réfléchissait qu'il lui fallait traîner avec elle ce fardeau, et, enfin, cette femme tenait de la main droite un petit garçon de cinq ans au plus, qui pleurait, en disant d'une voix dolente :

— Oh ! mon Dieu ! que je suis las ! Oh ! mon Dieu ! que j'ai faim !

Lorsque la pauvre femme fut arrivée devant la vieille paysanne dont nous avons parlé, elle lui demanda si le port de Creteil, où elle se rendait, était encore bien loin.

La vieille répondit qu'il lui fallait faire quatre lieues au moins pour y arriver.

— Quatre lieues ! s'écria la pauvre mère en levant les yeux vers le ciel, ah ! je n'y arriverai jamais, et ses larmes coulèrent en abondance.

La vieille paysanne la fit asseoir, l'interrogea avec bonté, si bien que la triste voyageuse lui raconta que, son mari étant mort, elle allait retrouver son frère qui l'aimait beaucoup, et qui était pêcheur au port de Creteil, mais que le peu d'argent qu'elle avait étant épuisé depuis la veille, elle et ses enfants se trouvaient encore à jeun.

La bonne femme fouilla dans sa poche, et n'y trouvant qu'une poignée de noisettes, elle les donna au petit en baissant tristement la tête.

Le jeune pâtre avait tout entendu; il se leva, fouilla dans son bissac, et, s'approchant de la voyageuse, il lui remit un énorme chiffon de pain bis, avec une tranche de lard.

— Tenez, lui dit-il, mangez ça. C'était mon dîner d'aujourd'hui.... mais, bah! j'ai bien soupé hier, et, de cette manière-là, je souperai encore bien mieux ce soir.

La jeune mère le remercia avec un regard qui renfermait mille bénédictions.

Le petit gardeur de moutons ne sauvait-il pas la vie à ses enfants?

Tandis qu'elle mangeait sobrement le pain savoureux du berger et qu'elle regardait d'un air heureux manger ses enfants affamés, le jeune prince avait cherché à attirer l'attention du petit garçon; celui-ci qui était espiègle et qui comprenait à demi-mot, s'approcha de lui, et reçut, dans un papier, une pièce d'or qu'Octave lui dit de remettre à sa mère, vers laquelle l'enfant se mit à courir de toute la force de ses jambes.

Je vous laisse à penser la joie de la voyageuse; mais lorsqu'elle voulut aller remercier son bienfaiteur, il avait disparu.

Le soir de cette même journée, le salon du château étant rempli de visiteurs, l'officier qui avait accompagné le prince Octave dans sa promenade, racontait de quelle façon il avait montré son bon cœur et sa générosité.

Le prince d'Aremberg appela son fils.

— Je suis content de vous, dit-il, et puisque vous faites si bon usage de votre argent, je veux doubler votre pension ; mais, mon cher enfant, lui dit-il plus bas, tout en devenant meilleur et plus charitable chaque jour, n'en prenez pas d'orgueil.

— De l'orgueil ! et pourquoi, mon cher père? pour avoir donné à une pauvre femme une de ces pièces d'or que vous me donnez chaque mois pour mes plaisirs?

— Vingt francs qui ne m'ont coûté aucun travail à faire.

— C'est bien plutôt le petit berger de la ferme qui doit être fier, lui qui s'est condamné à jeûner toute une journée pour obéir à son excellent cœur.

Ces paroles d'Octave prouvaient assez que tout jeune qu'il était, il comprenait déjà le bonheur qu'une âme généreuse éprouve à s'imposer des privations.

Le prince d'Aremberg sentit redoubler sa tendresse pour son fils en l'écoutant parler ainsi ; et il se contenta de lui prendre la main.

Tandis que les personnes qui se trouvaient là, et qui n'avaient rien perdu de cette petite scène, se disaient entre elles :

Heureux le père d'un tel fils !

Heureux le peuple qui sera gouverné par un tel prince !

5

# TRILBY

MADAME de Pommereuil était la mère d'une aimable petite fille qui s'appelait Georgette.

Gracieuse de sa personne et douée d'un bon cœur, Georgette plaisait plus par sa grâce et par sa bonté que si elle eût été la plus belle du monde ; aussi obtenait-elle, dès le premier moment où on la voyait, une sympathie qui se changeait bientôt en une solide amitié : heureux les enfants qui sont ainsi faits et qui ne démentent pas, quand on les voit souvent, la bonne opinion que fait naître leur premier abord !

Agée de huit ans seulement, Georgette avait déjà donné tant de preuves de son excellent naturel, que, parmi les gens employés au service de madame de Pommereuil, il n'y en avait pas un seul qui ne se fut jeté sans hésitation au milieu des flammes pour sauver sa jeune maîtresse.

Elle, de son côté, indulgente, douce et posée, ne les faisait jamais gronder par ses rapports; bien loin de là, elle se faisait leur avocat lorsqu'une négligence, un oubli, une maladresse avaient été commis, et plus d'une fois Georgette avait pris sur son compte une tasse brisée, un meuble taché, un trou fait étourdiment à la mousseline d'un rideau; tout dernièrement encore, madame Michelin, la vieille femme de charge de la maison, ayant été prise de violentes douleurs de rhumatismes qui la retinrent au lit pendant plus d'un mois, la chère petite fille demanda, comme une faveur, à sa mère de lui permettre d'aller passer une partie de ses matinées près de la malade, car,—disait-elle,— la pauvre Michelin devait bien s'ennuyer presque toujours seule, et je la distrairai de ce qu'elle souffre en lui faisant la lecture d'un de ses livres favoris.

Il est inutile de s'étendre sur la joie intérieure que ressentait madame de Pommereuil, en voyant se développer dans la jeune âme de Georgette tant de louables sentiments, aussi l'en récompensait-elle par une tendresse infinie, qui la faisait aller au devant de tous les desirs que pouvait former sa petite fille.

L'hiver retenait à Paris madame de Pommereuil; les premiers beaux jours du printemps la ramenaient dans une charmante propriété qu'elle possédait au joli village de Fleury, près Meudon.

Là, Georgette passait son temps entre des études utiles et

proportionnées à son âge et les mille soins qu'elle aimait à prendre du parterre et de la basse-cour.

Ainsi, tantôt elle arrosait elle-même, de ses mains mignonnes, ses fleurs préférées, coupant çà et là celles qui se fanaient, afin de donner plus de force aux boutons, et tantôt, jeune souveraine d'un peuple ailé, elle voyait accourir à sa rencontre de jolis poulets, de jeunes coqs, des pintades, des ramiers, enfin une foule d'oiseaux domestiques, auxquels elle se plaisait à distribuer du grain ou du pain émietté.

Un jour que madame de Pommereuil proposait à Georgette une promenade matinale, la petite fille lui demanda si elle ne voudrait pas aller faire visite à madame Schmit, dont la propriété n'était pas très-éloignée, et qui devait y être établie à l'heure qu'il était.

La mère et la fille se mirent donc en chemin, et moins d'une demi-heure après, elles étaient installées chez madame Schmit, qui ne savait comment leur témoigner le plaisir qu'elle éprouvait à les revoir.

Au milieu de la causerie, le jardinier parut tenant dans ses bras plusieurs petits chiens nouveau-nés : le fils de madame Schmit, un grand lycéen de quinze à seize ans, l'accompagnait.

— Ah! je sais ce que c'est, dit la maîtresse de la maison ; — eh bien, Anatole, que décides-tu? — Anatole, c'était son fils.

— Ma foi, dit-il, en riant, la chose est bien simple; il

n'y a rien à faire qu'à les jeter à l'eau, et tout sera dit.

— Voilà une décision bien cruelle, dit la mère en regardant son fils qu'elle regrettait peut-être de voir si impassible en cette occasion.

— On en laisse deux à la mère, ordinairement, répondit froidement le jeune homme, mais puisqu'elle est morte, qui voudra s'embarrasser du soin d'élever ses petits? Ce ne sera pas moi, toujours!

— Quel malheur! dit le jardinier; sur les trois il en a deux qui sont beaux comme des amours et que je pourrais peut-être caser en cherchant un peu.

— Ce sera comme ma mère voudra, dit encore Anatole; mais je trouve, moi, que c'est du temps perdu; et puis, supposons que tu en places deux, le troisième qu'en feras-tu, continua-t-il, en s'adressant au jardinier?

— Le troisième, dit celui-ci en se grattant l'oreille, c'est que j'en ai déjà un, moi, sans compter qu'il faudra que ma ménagère élève ces deux-là jusqu'à ce que je leur trouve une condition.

Georgette se leva rouge de plaisir, car un regard de sa mère venait de lui apprendre qu'elle pouvait réclamer un des orphelins.

— Moi, je prends celui-ci, dit-elle résolument en enlevant des bras du jardinier le moins joli des pauvres petits chiens, parce qu'il avait une tache noire qui, sur un poil entièrement blanc, lui couvrait une partie du front et de l'œil gauche.

— Pourquoi ne prenez-vous pas celui-ci, le plus beau des trois, dit Anatole, qui lui offrit galamment celui dont il parlait ?

— Non, dit la chère enfant, celui-ci se placera mieux ; beaucoup de gens voudront l'avoir. Quant à moi, ça ne me fait rien que celui que j'adopte soit moins joli, je ne lui demande que de m'aimer.

Le jardinier sortit emportant les deux petits chiens qu'il avait sauvés de la mort, et lorsqu'il salua les dames en s'éloignant, un sourire amical de Georgette suivit le brave homme et le récompensa de la pitié qu'il avait montré pour les pauvres bêtes.

Deux ans se passèrent ; le jeune chien, qui avait reçu de Georgette le nom de Trilby, était devenu la joie de la maison, de même qu'il en était le fidèle gardien ; car bien que ce ne fut qu'un épagneul de taille moyenne, il était fort et musculeux, et son courage ne le cédait en rien à celui des chiens de plus grande espèce, ainsi qu'on avait pu le voir dans maintes occasions ; aussi madame de Pommereuil avait-elle toute confiance en lui et l'emmenait-elle toujours, certaine que Trilby était pour elle et pour sa fille une défense suffisante.

Le temps où les foins se fauchent était venu ; la senteur balsamique qui en émane parfumait les airs, en sorte que chaque après-dîner, Georgette et sa mère dirigeaient leur promenade vers les longues allées tapissées de trèfle et de liserons qui, tantôt sur un terrain plat et tantôt profondément encaissées au milieu de deux haies fleuries. conduisent d'un village à l'autre.

Trilby, comme d'habitude, les accompagnait.

On était au milieu d'une éclaircie ; d'un côté on voyait des vignes pleines de travailleurs qui en arrachaient les mauvaises herbes; de l'autre, sur la droite, plusieurs vaches paissaient l'herbe tendre dans un champ où on les avait attachées par une corde chacune à un piquet, afin de les empêcher de passer dans le champ voisin.

Madame de Pommereuil s'était arrêtée devant ce tableau champêtre qu'un pinceau savant n'eut pas dédaigné de reproduire sur la toile, lorsque tout d'un coup une des vaches devenue furieuse par les piqûres de mouches qui s'étaient acharnées après elle, rompit son entrave, et, l'œil ardent, la tête baissée, les cornes en avant, se précipita sur madame de Pommereuil qui, tremblante, regardait Georgette cueillant des fleurs sur le revers d'un fossé, et n'osait bouger dans la crainte de détourner la colère du redoutable animal sur son enfant.

Un instant de plus, et madame de Pommereuil était perdue; un dernier bond de l'animal en furie, et c'était fait d'elle : heureusement un ami veillait à sa sûreté; d'un regard, Trilby avait compris le danger, et dans le moment même où la vache s'élançait, lui, de son côté, se jetait après elle, et, se cramponant à son cou, y enfonçait ses crocs, en sorte que, vaincue par la douleur, elle ne pensa plus qu'à se défaire de son ennemi, et pour y parvenir se roula sur la terre en faisant retentir l'air de beuglements lugubres.

Pendant ce temps, madame de Pommereuil fuyait accompagnée de Georgette à demi-suffoquée par les pleurs, car elle avait vu la dernière scène de ce drame terrible, qui l'eut certainement rendue orpheline, sans le dévouement de Trilby.

Aussi lorsque le fidèle serviteur jugeant que ses maîtresses étaient hors de danger, abandonna la vache qu'il avait maintenue jusque-là et les rejoignit, témoignant de la joie qu'il éprouvait par de longs aboiements, Georgette, l'appelant à elle, lui prit la tête entre ses bras, ainsi qu'elle eût pu faire à un enfant, et couvrant de baisers ses poils soyeux, elle lui dit : Oh ! mon brave chien ! oh ! mon cher Trilby ! tu n'es plus mon obligé maintenant, car moi, je ne t'ai sauvé que la vie, et toi tu viens de sauver celle de ma mère !

En entendant ces mots, madame de Pommereuil sentit yeux se mouiller de larmes de joie, et, dans un co qu'elle jeta vers le ciel, elle remercia le souverain Maître de toutes choses de lui avoir donné un enfant si reconnaissant, si affectueux, si digne, en un mot, d'être aimé !

# SIMON BERNARD

A DÔLE, ville située dans le département du Jura, vivait, vers la fin du siècle dernier, une honnête famille d'artisans, dont le plus jeune enfant était le petit Simon.

Agé de neuf ans environ, cet enfant, auquel il ne manquait qu'une direction salutaire pour devenir un homme utile et recommandable, se livrait avec toute l'ardeur de son âge aux entraînements de la maraderie et cédant aux mauvais conseils, passait la meilleure de son temps à l'accomplissement de méchantes espiègleries beaucoup plus dignes de blâme que d'éloge.

Or, un jour que la bande de petits vauriens dont il faisait partie venait d'escalader pour la dixième fois les murs d'un couvent de bénédictins, les religieux, qui les guettaient, car ils s'étaient aperçus depuis longtemps des vols nombreux commis dans leur verger, les religieux, disons-nous, les surprirent et se mirent en devoir de les retenir prisonniers; mais plus lestes qu'eux, les petits maraudeurs purent s'échapper, hormis Simon, qui resta dans leurs mains et qui paya pour tous, et fut battu impitoyablement.

C'était justice, car un voleur ne mérite pas de pitié; néanmoins, comme celui-ci n'était pas encore capable de comprendre la gravité de son action, et qu'ainsi que cela arrivait toujours pour lui, il avait été plutôt entraîné que meneur dans cette escapade, les bons pères eussent dû frapper moins fort. Aussi furent-ils très-effrayés de l'état dans lequel ils avaient mis l'enfant, et il n'y en eut pas un seul qui ne le regrettât sincèrement.

Bref, ils ne voulurent le laisser partir que réconcilié avec eux. Afin d'y parvenir, ils lui avaient offert vainement le choix d'une foule de jouets ou de friandises, mais ces offres n'obtinrent que ses dédains; ce qui le séduisit et l'apaisa, ce fut la promesse de s'occuper de son instruction, jusque-là fort négligée, et de lui donner, avec des leçons, toutes les fois qu'il voudrait venir en prendre, les livres qui lui seraient nécessaires pour profiter de ces mêmes leçons.

Simon, qui tenait à surprendre son père, commença par étudier fort et ferme avant de lui parler de la nouvelle façon dont il employait son temps : vous jugez de la joie qu'il éprouva lorsque ce secret lui fut révélé et combien il bénit le ciel de ce que son enfant pouvait enfin recevoir une éducation qu'il n'avait pas pu lui donner à cause de la gêne excessive de sa position. L'abbé Jantet, habitant Dôle alors, apprit au jeune Simon l'arithmétique, la géométrie, l'algèbre, les mathématiques et tout ce qu'on appelle les sciences exactes; les progrès qu'il y fit furent tels, qu'ayant été examiné à l'âge de quatorze ans, au concours du collége de Dôle, par les plus habiles professeurs de ce temps-là, il fut placé par eux au collége de Dijon; il se vit rangé parmi les premiers aux concours de l'année suivante.

Béni par son père, encouragé par sa mère, sa sœur et l'abbé Jantet, Simon, qui vient d'atteindre sa quinzième année, part pour Paris en gros souliers, le sac au dos, avec un bâton ferré à la main, par l'hiver le plus rigoureux qu'on eût éprouvé depuis longtemps, et possédant si peu, si peu d'argent, qu'il lui fallut vivre de pain sec tout le long du chemin pour en faire assez; en sorte que, lorsqu'il arriva en vue de Paris, ses dernières ressources étaient épuisées.

Le voilà donc là où il avait espéré trouver des appuis, des protecteurs, la fortune peut-être; et pour commencer cette vie heureuse qu'il avait rêvée, le pauvre Simon se trouvait aux prises avec le froid, la faim, la misère : porteur d'une lettre de l'abbé Jantet pour Lagrange, un savant de premier ordre, auquel le bon abbé l'avait recommandé, ses pas chancelants se refusaient à le conduire jusqu'à lui, et transi, frissonnant, il tomba sans connaissance sur le quai, et il y serait mort, sans l'assistance d'une bonne femme qui le fit transporter dans son arrière-boutique, lui prodigua ses secours, et qui fit avancer un fiacre qu'elle paya, pour conduire le jeune homme chez son protecteur futur, auquel se joignirent bientôt Monge, Laplace, Haüy, Chaptal et Fourcroy, tous ces princes de la science qui vivaient encore à la fin du siècle dernier, car on était alors en 1795.

Guidé par leurs conseils, encouragé par les marques d'intérêt qu'il en recevait, Simon eût sans doute pu leur dévoiler sa pauvreté, car il avait affaire à de nobles cœurs qui se seraient fait un plaisir et un devoir de l'aider, mais une sorte de fierté naturelle l'en empêcha.

Logé dans un grenier de la rue de Verneuil, le jeune homme se résigna pendant de longs mois à ne vivre que de farine de maïs qui lui était envoyée par sa mère.

A cette même époque, il fut pris du mal du pays, mais sa volonté énergique en triompha.

Placé à l'école de Metz, il en sortit pour se rendre à l'armée du Rhin. Plus tard, il fut fait capitaine en Italie et chef de bataillon à Vienne.

Vous figurez-vous mes enfants quel juste orgueil dut être celui de la famille Bernard? Car tel était le nom du père de Simon, et ce nom qu'il porta si glorieusement ne fut pas seulement celui d'un brave militaire et d'un homme instruit, mais il fut celui d'un homme vertueux, ainsi que tout le monde en put juger par ce que disait de lui l'empereur Napoléon I$^{er}$, dont l'opinion sur Simon Bernard n'a jamais été contestée : « Bernard est modeste, brave, probe, sincère, puis c'est le fils d'un plébéien, c'est l'enfant de ses œuvres, cela m'intéresse toujours. »

Dans le cours de l'année 1813, pendant la campagne qui se termina par la bataille de Leipzig, Bernard, en galopant auprès de l'Empereur sur un pont étroit, tomba dans la rivière, où son cheval se noya, lui se cassa la jambe; mais malgré la douleur qu'il en ressentit, il eut le courage de nager jusqu'au bord, et de là se traîna au quartier-général.

Ce fut cette même année que Bernard fut nommé colonel du génie, puis ensuite général par l'Empereur qui se l'attacha en qualité d'aide-de-camp.

Parti de la condition la plus modeste pour arriver à une position élevée, corrigé de ses premiers écarts par une juste punition et parvenu à se voir donner en exemple comme un modèle d'honneur et de probité, Simon Bernard témoigne de ce que peut devenir un enfant énergique, résolu à bien faire : son histoire est au reste une des mille réalisations du proverbe : « A QUELQUE CHOSE MALHEUR EST BON. » Ou encore : « UN PETIT MAL POUR UN GRAND BIEN. »

# TABLE DES MATIÈRES



FIN DE LA TABLE.

POISSY. — TYPOGRAPHIE ARBIEU.

# BIBLIOTHÈQUE DU PREMIER AGE

## GRAND ALPHABET IMPÉRIAL

ANECDOTES ET RÉCITS HISTORIQUES, par A.-C. BOUYER, illustré de charmantes gravures à deux teintes et orné de jolies vignettes également à deux teintes et spéciales pour chaque lettre, par VICTOR ADAM; 1 très-beau vol. in-4°; riche cartonnage avec couverture spéciale en six couleurs.

## POLICHINELLE EN VACANCES

Par Mme ADRIENNE DE FRÈNE, illustré de huit superbes gravures à deux teintes, par BERTRAND; 1 très-beau vol. in-4°, riche cartonnage avec couverture spéciale en six couleurs.

**LES MÊMES OUVRAGES**, gravures coloriées avec soin, richement cartonnés, tranches blanches.

## GRAND ALPHABET FÉERIQUE

Par A.-C. BOUYER, illustré de charmantes gravures à deux teintes, et orné de jolies vignettes également à deux teintes et spéciales pour chaque lettre, suivi de EBERLI ou les Touristes en Suisse; 1 très-beau vol. grand in-8° raisin, riche cartonnage avec couverture speciale en six couleurs.

**LE MÊME GRAND ALPHABET FÉERIQUE**, gravures et lettres coloriées avec soin, riche cartonnage spécial en couleurs, tranches blanches.

## GRAND ALPHABET DROLATIQUE

Par M. J. D'ACQUISGRANA, illustré de charmantes gravures à deux teintes, et orné de jolies vignettes à deux teintes et spéciales pour chaque lettre, avec contes et historiettes; 1 très-beau vol. grand in-8°, riche cartonnage, couverture spéciale en six couleurs.

**LE MÊME GRAND ALPHABET DROLATIQUE**, gravures et lettres coloriées avec soin, riche cartonnage spécial en couleur, tranches blanches.

## NOUVEAU BUFFON DE LA JEUNESSE

Par A.-C. BOUYER, illustré de 36 sujets, dessinés et gravés par PAUQUET; 1 beau vol. in-8° oblong, riche cartonnage avec couverture spéciale en six couleurs.

## NOUVEAU MUSÉE DU NATURALISTE

Par A.-C. BOUYER, illustré de 44 sujets, dessinés et gravés par PAUQUET; 1 beau vol. in-8° oblong, riche cartonnage avec couverture spéciale en six couleurs.

**LES MÊMES OUVRAGES**, Gravures coloriées avec beaucoup de soin, richement cartonnés, tranches blanches.

www.ingramcontent.com/pod-product-compliance
Ingram Content Group UK Ltd.
Pitfield, Milton Keynes, MK11 3LW, UK
UKHW020957220726
13924UKWH00002B/742

9 782019 671174